AF565735

Gerda Schaffelhofer

MEIN HUND – ein Geschenk des Himmels

benno

Bibliografische Information der Deutschen Nationalbibliothek
Die Deutsche Nationalbibliothek verzeichnet diese Publikation in der Deutschen Nationalbibliografie; detaillierte bibliografische Daten sind im Internet über http://dnb.d-nb.de abrufbar.

Bildnachweis:
Alle Fotos inkl. Cover: © Gerda Schaffelhofer

Besuchen Sie uns im Internet:
www.st-benno.de

Gern informieren wir Sie unverbindlich und aktuell auch in unserem Newsletter zum Verlagsprogramm, zu Neuerscheinungen und Aktionen. Einfach anmelden unter www.vivat.de.

ISBN 978-3-7462-6595-7

Gestaltung und Gesamtherstellung: Ufer Verlagsherstellung, Leipzig (A)

Inhalt

Ein Geschenk des Himmels

Ungläubiges Staunen begegnete mir, als ich im Freundeskreis ankündigte, dass bald ein kleiner Welpe bei uns einziehen würde. Die Reaktionen reichten von „Das passt doch gar nicht zu dir!“ über „Deine Freiheit willst du also aufgeben?“ bis zu „Und was wird aus deinem schönen Haus?“

Um es gleich vorwegzunehmen, unser Haus hat keinerlei Schaden genommen. Toby hat bisher weder etwas zerbissen noch zerkratzt. Vielleicht haben wir diesbezüglich Glück gehabt, aber es ist so. Ein wenig hatte ich ja auch um meine Teppiche gefürchtet, denn die Stubenreinheit ist Welpen bekanntlich nicht angeboren. Aber warum sollten gerade wir das nicht hinbekommen wie alle anderen auch?

Die anderen Einwände meiner Freunde machten mir größeres Kopfzerbrechen. Ich hatte noch nie einen Hund gehabt, auch nicht als Kind. Würde ein Hund tatsächlich zu mir „passen“? Unsere Entscheidung barg ein gewisses Risiko, das war klar. Der Hund, der uns besucht und so fasziniert hatte, dass wir kurz darauf den Entschluss fassten, uns selbst einen Welpen ins Haus zu holen, war nach einigen Stunden wieder heimgefahren. Unser Hund würde bleiben. Hatten wir das ausreichend und mit allen Konsequenzen bedacht? Und so frei und spontan, wie ich mir das für meine Pension immer erträumt hatte, würde ich vermutlich auch nicht mehr sein. Trotz Hundesitter und Hundepension würde künftig ein weiteres Familienmitglied in unsere Planung einzubeziehen sein und das für viele Jahre. Ich muss gestehen, es war mir zeitweise durchaus ein bisschen mulmig.

Andererseits konnte ich es gar nicht mehr erwarten. Ich begann, die ersten Bücher über Hundepflege und Welpenerziehung zu lesen, kaufte sein erstes Körbchen und hoffte inständig, dass uns Corona nicht doch noch einen Strich durch die Rechnung machen würde. Ein weiterer Lockdown stand damals im Raum. Als es dann endlich so weit war und wir den Kleinen in Florenz bei unserem Züchter abholen durften, hatte die Vorfreude alle Bedenken längst ausgemerzt. Und als ich ihn das erste Mal in den Arm nahm, war da nur noch Freude und Liebe, Liebe auf den ersten Blick. Über die Frage, ob denn ein Hund zu mir passen würde, konnte ich nur noch den Kopf schütteln, und meine Freiheit war mir plötzlich gar nicht mehr so wichtig.

„Mit sanften Pfoten" hat sich unser Hund einen ganz besonderen Platz in meinem Herzen erobert, sein Blick, sein Vertrauen haben etwas in meiner Seele berührt und mich andere Prioritäten in meinem Leben setzen lassen. „Du bist also auf den Hund gekommen", hat eine Freundin belustigt und mit einem gewissen Unterton am Telefon festgestellt. Ja, das bin ich, und ich habe auf unseren langen Spaziergängen viel nachgedacht und im Miteinander mit diesem kleinen Wesen unheimlich viel gelernt, auch für mein Leben. Diese Erfahrungen möchte ich in diesem Büchlein weitergeben. Die ersten Gedanken habe ich noch mit meinem kleinen Welpen auf dem Schoß in den Laptop getippt. Inzwischen ruht er, während ich arbeite, auf seinem Lieblingsplatz auf der Couch meines Arbeitszimmers. Ich liebe meinen Hund und möchte keine Sekunde missen, die ich bisher mit ihm erlebt habe. Und meine Freunde kann ich beruhigen: Es passt nicht nur, für mich ist mein kleiner Hund ein Geschenk des Himmels.

Klein und verletzlich

Klein und zerbrechlich sitzt er auf meinem Schoß. Soeben haben wir den kleinen Welpen vom Züchter abgeholt, samt Papieren und Impfnachweis. Jetzt geht es in sein neues Zuhause, eine sechsstündige Autofahrt liegt vor uns. Wie wird das gehen? Um es gleich vorwegzunehmen, es ging alles sehr gut. In eine Decke gehüllt, denn das Wetter war lausig, liegt er ruhig auf meinem Schoß. Die Wärme der Decke und meines Körpers tun ihm gut. Er kuschelt sich immer mehr in meine Arme, ich rede ganz leise mit ihm, damit er sich an meine Stimme gewöhnt. Er schnuppert, mein Geruch ist ja ganz neu für ihn.

Beim Zwischenstopp auf einer Tankstelle fahren zwei Motorräder mit lautem Getöse an uns vorbei, das macht ihm Angst. Er sucht den Blickkontakt zu mir, stellt sich auf seine kurzen Hinterbeinchen und legt seine Pfoten auf meine Brust. Erstmals höre ich ihn leise wimmern. Ich drücke ihn sanft an mich, streichle seinen Rücken und rede leise und besänftigend auf ihn ein. Nach kurzer Zeit beginnt er sich wieder zu entspannen, die Motorräder sind inzwischen weg, ich aber spüre, dass er mich als seine Beschützerin angenommen hat. Für mich ist in diesem Moment der kleine Welpe so richtig zu „meinem Hund“ geworden. Sein Vertrauen zu mir hat mich fast zu Tränen gerührt. Mir wurde bewusst, wie schutzlos so ein kleines Wesen nach der Abnabelung von Mutter und Geschwistern seinen neuen Besitzern ausgeliefert ist.

Die „Motorradszene“ werde ich nie vergessen. Mein kleiner Hund hat mir seine Angst und Verletzlichkeit so deutlich gezeigt, dass mein Beschützerinstinkt, meine Empathie und Zuneigung voll und ganz hervorgelockt wurden. Beide haben wir davon profitiert. Und ich habe mir vorgenommen, alles zu tun, damit dieses Vertrauen zu mir in den nächsten Wochen und Monaten wachsen kann.

Wir Menschen schämen uns oft, Angst und Schwäche zu zeigen. Wir wollen uns schließlich keine Blöße geben. Damit schlagen wir Türen zu, durch die uns von anderen Empathie, Zuneigung und Schutz erreichen könnten. Wir wollen stark erscheinen und schlüpfen in Rollen, die unsere Ängste, Sensibilitäten und Verletzlichkeiten kaschieren und verdecken sollen. Während andere uns aber als erfolgreich und tough empfinden, nagen an uns Selbstzweifel, und Ängste bereiten uns schlaflose Nächte. Gesund ist dieser Zwiespalt auf Dauer nicht. Unsere „Fassaden" täuschen unsere Mitmenschen, und diese enttäuschen wieder uns, weil sie auf unsere wirkliche Befindlichkeit keine Rücksicht nehmen. Wie sollten sie aber? Wir selbst haben sie vor ihnen zu verheimlichen versucht. Ängste zeigen, die eigene Verletzlichkeit zulassen, das müssen wir Menschen lernen. Denn diese Offenheit ist eine wesentliche Voraussetzung für geglückte Beziehungen.

Sein Blick trifft meine Seele

Es ist früh am Morgen. Ich öffne seine Schlafbox und begegne erstmals an diesem Tag seinem Blick. Mein kleiner Hund schaut mich mit großen Augen an, offen, ruhig, vertrauensvoll. Und doch auch ein wenig prüfend. Ich sehe und spüre seinen durchdringenden Blick, der alle Winkel meines Herzens auszuleuchten scheint.

Es ist ein stiller Moment. Ein tägliches Ritual, das mich einen Augenblick lang innehalten und fragen lässt, ob ich vor diesen Augen werde bestehen können. Sein Blick trifft meine Seele und er begleitet mich durch den Tag.

Den Flügelschlag der Amsel hören

Es ist fast noch dunkel, doch der Tag bricht an. Ein bisschen schimmert das erste Morgenlicht schon durch. Mein kleiner Hund steht wie angewurzelt im Garten und hebt sein Köpfchen. Er lauscht, er schnuppert, sein Näschen vibriert. Er scheint viel mehr wahrzunehmen als ich. Er horcht in alle Richtungen. Voll konzentriert nimmt er jedes Knacken in den Ästen wahr. Dann die ersten Vogelstimmen, ein leises Zwitschern, ein zaghaftes Piepsen. Er hat es schon vor mir gehört.

Hinhören, horchen, lauschen. Wir Menschen haben diese Fähigkeit großteils verloren. Der Lärm unseres Alltags übertönt den Flügelschlag der Amsel und den Sprung des Eichkätzchens. Vielleicht sollten wir unser Horchen wieder besser trainieren, um auch die leisen Töne zu hören. Sie führen uns zum wahrhaft Schönen, das sich in unserer lauten Welt so oft verbirgt.

Lebendig sein – crazy minutes

Mein kleiner Hund hat seine „crazy five minutes". In einem Affentempo saust er durch die Wohnung. Sein Lieblingsspielzeug hat er im Maul, seine Ohren flattern. Manchmal kommt er ganz schön ins Schleudern, aber irgendwie nimmt er dann doch alle Kurven. Auch am Futternapf kommt er regelmäßig unfallfrei vorbei, obwohl dieser als Hindernis direkt auf seiner Rennstrecke liegt. Nichts könnte ihn stoppen, in diesen Minuten ist er die inkarnierte Lebendigkeit und Lebensfreude.

Lebendig sein gehört zum Leben. Wer nicht lebendig ist, ist tot, auch wenn er noch gar nicht gestorben ist. Das gilt für Hund und Katz, aber auch für uns Menschen. Auch wir dürfen und sollen unsere Lebendigkeit zeigen und ausleben und unsere „crazy five minutes" haben. Auch wir können laufen, tanzen, joggen, aber auch im Geist lebendig sein, Pläne schmieden, Luftschlösser bauen, Strategien überlegen, Möglichkeiten ausloten. Wie wir lebendig sind, ist zweitrangig, Hauptsache, wir sind lebendig.

Mit unserer Lebendigkeit und Lebensfreude können wir für andere zur Quelle der Inspiration werden. Denn Lebendigkeit und Lebensfreude sind ansteckend. Das ist beruhigend, denn lebendige Menschen werden unsere Welt nicht verlorengeben, sondern stets neu und kreativ mit Leben und Freude erfüllen.

Sanftes Lämmchen und trotziges Stierchen

Ich will nicht! Mein kleiner Hund signalisiert mir trotzig Widerstand. Wie ein kleines Stierchen steht er da, stemmt seine Beinchen kräftig gegen den Boden, beugt seinen Nacken und hebt gleichzeitig sein Köpfchen. Seine Augen funkeln mich herausfordernd an. Da nützt kein Zerren an der Leine, er entwickelt – obwohl noch klein und jung – eine beachtliche Standfestigkeit.

Umdrehen und Warten sind angesagt. Und wenn ich genügend Geduld aufbringe, spüre ich nach einiger Zeit, wie die gespannte Leine immer lockerer wird, und dann steht er plötzlich neben mir, aus dem trotzigen Stierchen ist ein sanftes Lämmchen geworden.

Ich mag das sanfte Lämmchen, aber mehr noch das trotzige Stierchen. Sein ausgeprägter Wille, sein deutlich zum Ausdruck gebrachtes Nein gefallen mir. Seine Signale sind so klar, echt und unmissverständlich, dass ich ihn dafür nur lieben kann.

Vielleicht wäre unser Zusammenleben leichter, wenn wir Menschen auch ohne Verstellung und Heuchelei unser Nein zum Ausdruck brächten, wenn uns im Herzen danach ist. Wie viele „Jeins“ führen zu Missverständnissen und falschen Schlüssen. Dabei wäre es so einfach: „Euer Ja sei ein Ja, euer Nein ein Nein!“ Die Aufforderung kennen wir aus dem Matthäusevangelium (Mt 5,37). Die verlogenen Zwischenstufen könnten wir uns sparen. Sie bringen uns nicht näher zusammen, im Gegenteil.

Natürlich heißt das nicht, dass man seine Meinung nicht auch ändern kann. Aber man muss zuerst eine Meinung

haben, um sie später ändern zu können. Auch mein Hund hat sich nach einer Zeit des Wartens entschlossen, seinen Widerstand aufzugeben, nicht aber ohne ihn vorher in aller Deutlichkeit zum Ausdruck gebracht zu haben. Bei meinem Hund weiß ich genau, woran ich bin. Bei meinen Mitmenschen ist mir das nicht immer so klar.

Relaxen

Völlig entspannt liegt mein kleiner Hund auf seiner Matte. Er hat sich eingerollt. Die Augen sind geschlossen, das Köpfchen liegt zwischen seinen Pfoten. Er ruht, mit sich und seiner Umgebung voll im Einklang. Vor Kurzem ist er noch durch die Wohnung getollt, jetzt aber ist für ihn „Relaxen" angesagt. Seine Haltung signalisiert mir, ich will nicht gestört werden. Ich will weder angesprochen noch gefüttert und schon gar nicht gestreichelt werden. „Ich will jetzt meine Ruhe!"

Er kann es, das Relaxen, das Entspannen, das Abschalten. Wir Menschen haben es oft schon verlernt. Wir sind ständig aktiv, auf Achse, in Bewegung. Ruhe und Stille sind uns fremd oder machen uns gar schon nervös. Hat ein Hund keine ausreichenden Ruhephasen, wird er leicht überreizt, hyperaktiv und aggressiv. Ich kann mir gut vorstellen, dass das bei Menschen genauso ist. Könnte nicht die steigende Aggressivität in unserer Gesellschaft auch damit zusammenhängen, dass wir verlernt haben, zur Ruhe zu kommen – äußerlich und innerlich? Dabei täte es uns so gut, manchmal die Seele baumeln zu lassen, ohne ständig auf Leistung und Zerstreuung fixiert zu sein. Ein Spaziergang muss nicht zur Marathontour werden und das Fitnesstraining nicht in ein komplettes Auspowern ausarten. Hobbygärtner müssen nicht gleich den gesamten Garten in eine Parklandschaft verwandeln. Auch der Skipass muss nicht bis zur bitteren Neige ausgenützt werden. Weniger ist oft mehr! Und wenn wir uns auf das Wenige bewusst einlassen, dann verschafft uns das Atempausen, die für unsere körperliche und geistige Regeneration wichtig sind. Mein Hund scheint dies instinktiv zu „wissen“ und auf den Wechsel zwischen Aktiv- und Entspannungsphase programmiert zu sein. Bei uns Menschen dürfte hingegen dieses Programm bisweilen abgestürzt sein. Ich denke, wir sollten es neu starten.

Sich austoben

Mein kleiner Hund will sich wieder einmal so richtig austoben. An der langen Schleppleine saust er mal links vom Weg in ein Schneefeld oder rechts auf den Hügel hinauf, wo der Schnee schon geschmolzen ist. Das Laub raschelt, das liebt er, er springt mit voller Wucht hinein, und dann geht's wieder flugs abwärts, genau an der steilsten Stelle, weil eben dort ein Pfosten in Sicht ist, der unbedingt beschnuppert werden muss. Er ist dabei so richtig übermütig, springt, was seine kurzen Beinchen zulassen, läuft rauf und runter, nimmt auch den einen oder anderen Absturz oder Überschlag in Kauf und hält dann plötzlich inne, um mir einen herausfordernden Blick zuzuwerfen.

Er darf sich austoben, es gehört zu einem Hundeleben dazu, seine Energien verlangen danach.

Und wie ist das bei uns Menschen? Nach vielen Stunden konzentrierter Arbeit am PC, im Büro oder im Homeoffice, nach der peniblen Abarbeitung unserer täglichen To-do-Liste verlangt es uns da nicht auch oft nach einem Austoben? Ob Joggen, Radfahren oder Tanzen, ob Fitnessstudio, Waldlauf oder Schwimmen im See, egal. Nicht jeder mag jedes, aber jeder sollte für sich eine Möglichkeit des Sich-Austobens entdeckt haben und nach getaner Arbeit auch wirklich gönnen. Wir brauchen dies für unsere innere Balance. Keine Sorge, wir „verlieren" uns deswegen nicht in den Weiten der Fun-Gesellschaft, denn an der Schleppleine unserer täglichen Aufgaben und Pflichten hängen wir ohnedies ständig. Doch den kleinen Spielraum, den das Leben uns bietet, sollten wir nützen und voll auskosten.

PUPPIA®

Auf andere zugehen

Hunde sollen schon in den ersten Lebenswochen unterschiedliche Erfahrungen machen. Da wir in einem ruhigen Dorf auf dem Land leben, steht daher heute unser erster Stadtspaziergang auf dem Programm. Mit dem Auto geht es in die City, ein Streifzug durch die Fußgängerzone ist geplant. Mein kleiner Hund zieht an der Leine und schnuppert an allen Ecken. Am Ende unseres Spazierganges werde ich wissen, wie viele Abfalleimer in der Fußgängerzone aufgestellt sind, denn jeder einzelne wird ausgiebig beschnüffelt. Nun, davon war auszugehen.

Nicht gerechnet habe ich damit, dass mein kleiner Vierbeiner jeden einzelnen Passanten begrüßen will, und zwar auf seine Weise. Mit wedelndem Schwanz läuft er auf Frauen wie Männer, Jung und Alt zu, will an ihnen hochspringen – was ich natürlich zu vermeiden suche – und von ihnen gestreichelt werden. Er scheint von jedem einzelnen die Streicheleinheiten und Leckerlis zu erwarten, die er zuHause im Dorf von unserem Nachbarn bekommt. Leckerlis gibt es hier keine, aber ein Lächeln zaubert er auf viele Gesichter und das Herz des Maronibraters erobert er im Sturm. Sein freundliches Zugehen auf Menschen hat viele verzaubert und einen Moment lang aus ihren Gedanken und vielleicht auch aus ihren Sorgen gerissen. Am erstaunlichsten ist aber für mich seine Reaktion, wenn Menschen an ihm achtlos vorübergehen, ihm keine Beachtung schenken, weil sie in Eile oder mit ihren Gedanken ganz woanders sind. Da beginnt er leise zu wimmern, solange bis er sein nächstes potenzielles Opfer erspäht und die Freude wieder die Oberhand gewinnt.

Wenn schon kleine Hunde Menschen verzaubern und ihnen in der Hektik des Alltags ein Lächeln abgewinnen können, um wie viel mehr könnten dies auch wir Menschen, wenn wir es darauf anlegten. Aber genau daran scheitert es oft. Es würde nämlich von uns erfordern, dass wir den ersten Schritt wagten, offen auf die anderen zugingen, um sie dann mit unserem „Charme“ zu verzaubern. Gar nicht so schwer, würde man meinen, aber dennoch wenig praktiziert.

Und doch würde ein freundlicher Gruß im Treppenhaus oder beim Betreten des Büros so manchen Morgenmuffel aus seiner Reserve locken, ein Zuruf „Guten Appetit“ am Mittagstisch, laut für alle gesprochen, würde vermutlich den Appetit vieler steigern, einem eilenden Passanten den Vortritt auf der Rolltreppe lassen und einem Autofahrer lächelnd die Vorfahrt zugestehen (und vieles andere mehr, die Liste dieser Banalitäten ließe sich beliebig fortsetzen), würde unserem gesellschaftlichen Zusammenleben ein freundlicheres Gesicht verleihen. Sind es nicht oft die kleinen Aufmerksamkeiten, die unser Herz erfreuen und den Griesgram, der uns in der Hektik unseres Alltags zum treuen Begleiter geworden ist, in seine Grenzen weisen? Es müsste nur jemand den ersten Schritt tun.

Neugierig sein

Mein kleiner Hund ist neugierig. Daher büxt er auch immer wieder aus. Fühlt er sich einen Moment lang unbeobachtet, geht er auf Entdeckungsreise. Dabei bevorzugt er ein Terrain, das ihm sonst verboten ist. Spielend schafft er es, das Absperrgitter vor der Treppe mit seiner Schnauze Zentimeter für Zentimeter zu verschieben, bis sein kleiner Körper endlich durchpasst und er freie Bahn hat. Oft sehe ich gerade noch den Schwanz verschwinden. Der so erkämpfte Freiraum wird dann genauestens untersucht. Jedes Kabel, jede Steckdose ist interessant, jeder Winkel wird ausgiebig beschnuppert, und Teppichfransen sind ein besonders lustiges Spielzeug. Bei seinen Erkundungsfeldzügen scheint er keine Eile zu haben. Gründlichkeit ist angesagt.

Neugier treibt ihn an. Neugier ist ein nicht zu unterschätzender Motivator für vieles. Wie wäre es um unsere heutige Welt bestellt, hätte es nicht immer schon Menschen gegeben, die aus der „Gier auf Neues" bekanntes Terrain verlassen und zu neuen Ufern aufgebrochen wären! Ängstlichkeit ist dabei kein guter Wegbegleiter, aber Waghalsigkeit auch nicht, es braucht einfach die richtige Dosierung, damit unsere Neugier zur Bereicherung werden kann.

Menschen zu begegnen, die sich bis ins hohe Alter eine gesunde Portion an Neugier erhalten haben, ist ein Geschenk. Sie sind lebendig, wissbegierig und leben nicht rückwärtsgewandt. Sie nehmen Anteil an vielem und stumpfen nicht ab. Neugier scheint ein Lebenselixier zu sein. Wir sollten es uns möglichst lange erhalten.

Körbchenruhe

Mein kleiner Hund ist krank. Der strenge und schneereiche Winter macht dem Südländer aus der Toskana zu schaffen. Vor zwei Tagen ist er noch springlebendig im Schnee umhergetollt, jetzt liegt er brav in seinem Körbchen, das Köpfchen auf dem Polsterrand gebettet. Die sonst so attraktiven Spielbälle liegen in der Ecke, das Futter wird nicht angerührt. Eine böse Mandelentzündung und ein Rattern im linken Lungenflügel machen ihm zu schaffen. Daher ist jetzt Körbchenruhe angesagt. Er scheint es selbst zu spüren und hat sich in sein „Nest" zurückgezogen.

Wie gescheit, denke ich und erinnere mich gleichzeitig an die vielen Male, wo ich dem Drängen meines Körpers nach Ruhe und Erholung nicht nachgegeben habe – mit dem Ergebnis, dass es mich kurze Zeit später erst so richtig „erwischt" hat. Wir Menschen verdrängen gerne unsere Wehwehchen, meinen, es sei nicht so schlimm, ignorieren unsere innere Stimme und handeln oft wider unsere Natur. Wir haben verlernt, auf unseren Körper zu „hören" und seine Warnsignale ernst zu nehmen. Oft erkennen wir erst viel später, wie sehr unsere Gesundheit unter dieser Ignoranz gelitten hat. Auch uns würde „Körbchenruhe" manchmal guttun, wenn unser Körper nicht mehr mitspielt und der tägliche Stress unsere Widerstandskräfte erlahmen lässt. Machen wir uns nichts vor, wir sind nicht stärker als unsere Natur. Mein kleiner Hund scheint dies instinktiv zu spüren und auch wir sollten lernen, die Warnsignale unseres Körpers wahrzunehmen.

Mit offenem Herzen

Kommt Besuch, ist mein kleiner Hund nicht zu bremsen. Fast könnte man meinen, er riecht jeden Gast schon von weitem. Aufgeregt läuft er, sobald er Motorengeräusche hört, im Windfang auf und ab. Sobald sich Schritte nähern, läuft er zu Tür und erwartet dort schwänzelnd und aufgeregt, dass diese geöffnet wird. Er verhält sich so, als ob der eben Angekommene niemand anderer als sein persönlicher Ehrengast wäre, den er mit einem Tanz und freudigem Gejohle begrüßt. Er springt an seinem Besucher hoch, was bei seiner geringen Größe nicht wirklich bedrohlich, ihm aber verboten ist. Er tut es trotzdem. Die gewünschte Aufmerksamkeit ist ihm damit sicher und die erbettelten Streicheleinheiten sind es ebenso. Er verstößt zwar gegen alle meine Erziehungsversuche, aber er meint es nicht böse. Er ist so glücklich, wenn Besuch kommt, dass er seine Freude einfach nicht zähmen kann.

Trotz seiner Ungezogenheit ist die Szene für mich immer auch berührend, denn seine Freude ist wirklich echt, durch und durch! Gäste sind ihm immer willkommen, er empfängt sie mit offenem Herzen.

Können wir uns auch so unbändig freuen, wenn wir Gäste willkommen heißen? Ist die von uns zum Ausdruck gebrachte Freude auch immer durchwegs echt, oder ist unsere Umarmung manchmal eher der Höflichkeit als innerer Freude geschuldet? Wann haben wir uns das letzte Mal wirklich und mit jeder Faser unseres Herzens gefreut, als wir unsere Tür für einen Besucher, eine Besucherin geöffnet haben? Schwingt nicht allzu oft ein bisschen Distanz mit beim

Besuch der Schwiegermutter etwa oder eines Freundes, der schon wieder vor unserer Tür steht? Öffnen wir bloß unsere Eingangstür oder auch die Tür unseres Herzens für Menschen, die zu uns kommen? Für meinen kleinen Hund könnten wir 24 Stunden lang „open-house" sein, es würde ihn nicht stören, er würde alle willkommen heißen. Nun muss man nicht gleich übertreiben mit gelebter Gastfreundschaft, aber zumindest im Herzen sollten wir immer offen sein für Menschen, die bei uns „anklopfen" wollen.

Alle Sinne auf Empfang

Mein kleiner Hund liebt das Autofahren. „Ein typischer Italiener", hat die Tierärztin schmunzelnd und unter Anspielung auf seine toskanische Herkunft gemeint. Schon als kleiner Welpe hat er brav in seinem Körbchen gelegen, fest angegurtet natürlich, und hat geduldig alle Kurven und Holprigkeiten der Straßen über sich ergehen lassen. Manchmal hat er so tief geschlafen, dass ich ihn gar nicht wecken wollte, wenn wir am Ziel angekommen waren. Inzwischen hat sich das geändert, er schläft nicht mehr, sondern ist wach, hellwach sogar.

Geht es in Richtung Auto, schwänzelt er schon vor mir her. Das Einsteigen – er wird in sein Körbchen gehoben und angeschnallt – kann nicht schnell genug gehen. Dann wartet er ungeduldig, bis Frauchen endlich hinter dem Lenkrad Platz genommen hat. Im Rückwärtsgang geht es die Hauseinfahrt hinunter, für meinen Hund kein Problem. Er sitzt aufrecht in seinem Körbchen und beobachtet. All seine Sinne scheinen auf Empfang ausgerichtet zu sein. Wie ein kleiner Verkehrspolizist verfolgt er das Geschehen, sein Köpfchen

bewegt sich mal nach links, dann nach rechts und immer wieder schaut er voll konzentriert geradeaus. Ob Radfahrer, Lastwagen oder Autobus, alles scheint sein Interesse zu wecken. Er ist hellwach. Es scheint so, als hätte er all seine Antennen ausgefahren, damit ihm nur ja nichts entgeht. In dieser Wachheit liebe ich meinen Hund ganz besonders. Ein dickes Kissen unter seinem Körbchen sorgt für bessere Sicht durch die Windschutzscheibe, damit der Herrn Inspektor nur ja nichts versäumt.

Wachsein und wissbegierig, offen auf Empfang eingestellt, das wäre eine Haltung, die auch uns Menschen gut anstünde. Aktiv hören und schauen, also bewusst hinhören und hinschauen und die so gewonnenen Eindrücke auf sich wirken lassen, das könnte uns manch neue Erfahrung und einen beträchtlichen Zugewinn an Wissen und Verständnis bringen.

Ein wacher Geist, ein offenes Ohr, ein zielgerichteter Blick, sie täten uns gut – und das nicht nur beim Autofahren. Heute glauben viele, ständig etwas sagen bzw. senden zu müssen. Unzählige Blogs belegen dies, und Instagram, Facebook etc. leben gut von diesem Irrglauben. Die Gefahr, im Kollektiv zu verblöden, ist groß. Anstelle permanent auf Sendung zu sein, sollten wir besser unsere individuelle Wachheit etwas mehr kultivieren und unsere Antennen besser ausfahren, bevor wir auf unseren Blogs und in unseren Mails in die Welt hinaustönen. Letzteres ist keine große Kunst, Ersteres aber sehr wohl.

Ich mag wache Menschen. Sie bellen nicht, sie hören zu und stellen die richtigen Fragen. Sie inspirieren mich, der Gedankenaustausch mit ihnen ist ein Geschenk.

„Ausraunzeln“

Er rekelt, dehnt und streckt sich in seiner Schlafbox. Die Decke ist zerwühlt. Das stört ihn nicht. Mein kleiner Hund legt sich auf den Rücken und lässt sich genüsslich den Bauch streicheln. Er scheint alle Zeit der Welt zu haben und diesen Moment – wir nennen ihn aus welchen Gründen auch immer „Ausraunzeln“ – voll zu genießen. Aufstehen ist angesagt, sanft versuche ich, ihn wach zu bekommen, er aber gähnt, streicht mit den Pfoten über seine Ohren und fordert mit seinem berührenden Blick noch weiteres Kraulen von mir ein. Zugegeben, wir genießen beide dieses morgendliche Ritual, dieses langsame Hineingleiten in den Tag, ganz ohne Hektik und Eile. Es ist ein guter Start in einen neuen gemeinsamen Tag.

Langsam in den Tag hineingleiten, wäre das nicht auch für uns Menschen ein vielversprechender Tagesbeginn? Einfach noch ein wenig „ausraunzeln“, seine Gedanken ordnen, in den Tag hineinhorchen, langsam hineinwachsen in die neuen Herausforderungen, dankbar sein für diesen neuen Tag, für die Sonnenstrahlen, die auf meine Bettdecke fallen, für das Lied der Amsel im Geäst vor dem Haus.

„Ausraunzeln“ ist eine wunderbare Alternative zur Unbarmherzigkeit des Radioweckers, der mich brutal aus den schönsten Träumen reißt und mit einem Hechtsprung aus dem Bett katapultiert, eine Alternative zum Dröhnen des Autoradios, das mich auf Touren bringen soll, zu „Coffee to go“, mit dem ich trotz aller Hektik verspätet im Büro eintreffe, genervt schon am frühen Morgen und – wie könnte es anders sein – auf der Suche nach einem Blitzableiter. Wie soll ein Tag enden, der schon am Morgen so stressig beginnt? Ich empfehle „ausraunzeln“, denn „Morgenstund hat Gold im Mund“, aber nur für den, der versteht, sie recht zu nützen.

Zärtlichkeit einfordern

Streicheleinheiten tun gut, das weiß auch mein kleiner Hund und fordert sie regelmäßig und hartnäckig ein. Dazu sitzt er schon während des Frühstücks auf der Lauer und wartet. Sobald der Frühstückstisch abgeräumt ist, und zwar ganz genau dann, kommt er, springt hoch und will auf den Schoß genommen werden. Das darf er, diesen Moment des Kuschelns haben wir schon im Welpenalter eingeführt, er begleitet uns. Mein kleiner Hund vergisst ihn jedenfalls nie. Er macht es sich auf meinem Schoß gemütlich. Mit seinen Pfoten holt er meinen unterstützenden Arm, legt sein Köpfchen darauf und lässt sich zunächst den Rücken streicheln, dann den Bauch kraulen. Wir genießen beide diese Nähe und Ruhe; von seinem kleinen Körper geht eine wohlige Wärme aus. Dieser Moment ist schön und wichtig für unsere Bindung.

Sich Zuneigung holen, anzeigen, wenn uns danach ist, das sollten auch wir Menschen. Wir vergeben uns nichts, wenn wir verbal aussprechen oder nonverbal zeigen, dass wir uns nach Nähe und Geborgenheit sehnen, dass wir uns die eine oder andere Streicheleinheit wünschen, dass uns ein wenig Zärtlichkeit guttäte. In der Hektik und im Lärm unseres Alltags bleiben Nähe und Zärtlichkeit oft auf der Strecke. Manche sehen sogar im Bedürfnis nach Zärtlichkeit ein Zeichen

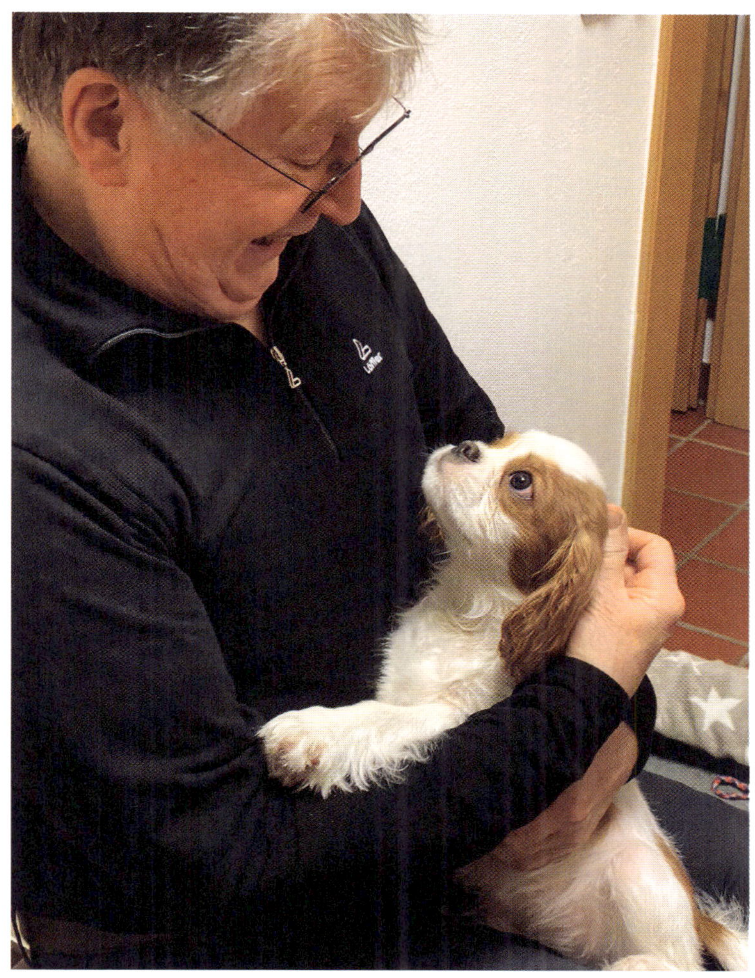

von Schwäche, von dem sie glauben, sich diese nicht leisten zu können. Schließlich hat man im 21. Jahrhundert „tough" zu sein! Härte und Durchsetzungsvermögen sind gefragt, Zärtlichkeit, Zuneigung und Geborgenheit sind für viele hingegen „out" und überholt. Schade! Denn gerade sie könnten unsere Bindungen verfestigen und vertiefen. Ich plädiere daher dafür, die Haltung der Zärtlichkeit und Sanftmut neu zu entdecken und den Panzer, den wir uns zugelegt haben, aufzubrechen. In der Belebung dieser alten Tugenden liegt ein Funken an Wärme, der uns in unserer kalt gewordenen Welt guttut.

Siesta

Ich brauche nicht auf die Uhr zu schauen, um zu wissen, wie spät es ist. Der Ortswechsel meines Hundes zeigt mir an, was jetzt auf dem Programm steht: unser Mittagsschläfchen. Während ich noch mit dem Spülen der letzten Töpfe in der Küche beschäftigt bin, hat er sich geräuschlos aus der Küche ins Wohnzimmer verzogen und unter dem Glastisch sein Lieblingsplätzchen aufgesucht. Dort wartet er geduldig auf Frauchen, die wie so oft immer noch nicht fertig ist. Kaum liege ich selbst auf der Wohnzimmercouch, streckt er sich behaglich aus, und wir genießen beide unser gemeinsames Ruhen. Ein tägliches Ritual, das uns guttut. Mitten am Tag kehrt Ruhe ein, mein Hund atmet gleichmäßig, ein Bild des Friedens und der Zufriedenheit, auch mir fallen schnell die Augen zu.

Ausspannen mitten am Tag. Purer Luxus und in unseren Breitengraden fast nur Pensionären möglich. Die meisten von uns müssen nach kurzer Mittagspause auch an heißen Sommertagen wieder zurück ins Hamsterrad. Gedopt mit einigen Espressi schuften sie in mit viel Energie heruntergekühlten Räumen bis in die Abendstunden. Ob die Siesta der Südländer nicht doch gesünder wäre?

Liebevolles Stalking

Er folgt mir wie ein Schatten, mein kleiner Hund geht immer mit! Ob in die Waschküche im Keller, ins Arbeitszimmer im ersten Stock, ob zu den Hochbeeten im Gemüsegarten oder zur Dusche am Pool, mein Hund ist immer dabei. Er ist mein treuer Begleiter. Glücklicherweise springt er nicht zwischen meine Beine, sondern schwänzelt neben mit her, überholt mich auf der Kellertreppe, wenn er ausgeruht ist, oder schleppt sich hinterher, wenn er müde ist. Manchmal würde ich ihm unnötige Wege gerne ersparen und versuche ihm klarzumachen, Frauchen käme gleich zurück. Vergeblich. Nur wenn es sehr heiß ist, kann es vorkommen, dass er bei der Treppe haltmacht und sich auf die kühlen Fliesen legt. Meist aber kommt er trotz der Hitze mit, legt sich beispielsweise vor die Badezimmertür, während ich dusche, und signalisiert mir mit einem müden Schwanzwedler: „Ich bin da, dir kann nichts passieren!"

Mitgehen mit anderen, ihnen zeigen, dass sie nicht allein sind, signalisieren, dass es jemanden gibt, der Anteil nimmt. Begleitmensch werden für andere, ohne ihnen „zwischen die

Beine zu kommen“ und auf die Nerven zu gehen, in der richtigen Distanz bleiben, aber doch da sein für andere. Ihnen auf sensible Weise vermitteln: Du bist nicht allein. – Das wäre eine Aufgabe!

Rückversicherung

Er läuft immer einige Meter vor Frauchen. Selbstsicher, meist kennt er den Weg von früheren Spaziergängen. Ab und zu bedarf es eines klaren „Stopp!“, wenn er sein Tempo zu sehr steigert. Für gewöhnlich genügt aber ein Räuspern, wenn Frauchen nicht mehr mitkommt. Und dann eine Weggabelung. Er hält an und schaut mich fragend an. Ich wähle einen neuen, ihm noch unbekannten Weg. Er läuft weiter voraus, bleibt aber immer wieder stehen, um sich mit einem Blick zurück zu vergewissern, ob dies so passt. Obwohl er nicht ängstlich ist, will er eine Rückversicherung, ein Okay, das ihm Sicherheit gibt und zu weiteren Erkundungen beflügelt.

Wie oft galoppieren wir Menschen in eine Richtung, ohne uns diese Rückversicherung zu holen. Es kommt uns gar nicht in den Sinn innezuhalten und uns zu fragen, ob der gewählte Weg auch in das Gesamtkonzept unseres Lebens passt. Schneller! Weiter! Höher! Wir sind Getriebene, springen auf alle möglichen Züge auf, ohne zu fragen, in welche Richtung es geht oder zu welchem Zielbahnhof die Fahrt denn führen würde. Wer immer die Autorität sein möge, die uns die nötige Rückversicherung geben kann, und wenn es unser eigenes Gewissen ist innezuhalten und uns daran zu orientieren, könnte uns vor so manchem Irrweg bewahren.

Mit Verlustängsten umgehen

Es geschah in einem kleinen Supermarkt. Ich ließ ein Päckchen mit Nüssen fallen, mein kleiner Hund schnappte es sich und zischte im Raketentempo ab. Meine Suche nach ihm im Supermarkt war erfolglos, keine Spur von dem kleinen Dieb. Ich lief vor das Geschäft, fragte Passanten nach dem kleinen Hund, diese zuckten die Achseln und meinten lethargisch, der wird schon wiederkommen. Endlich kam mir eine uns gut bekannte und zugewandte Verkäuferin zu Hilfe. Wir entdeckten in der Nähe einen Hund derselben Rasse, atmeten auf, aber es war nicht mein Toby. Ich wurde panisch. Nach einer verzweifelten Suche blieb nur noch die Polizei.

Dort angekommen, ging gerade ein Anruf ein. Er betraf meinen Hund. Einen kurzen Augenblick atmete ich auf, doch dann packte mich das Entsetzen. Mein Hund war entführt worden, es wurde Lösegeld verlangt. Ich unterschrieb geistig einen Blankoscheck, keine Summe würde mich abschrecken, meinen kleinen Liebling wieder zurückzubekommen.

Dann wachte ich auf. Es war ein Albtraum gewesen, mein kleiner Hund lag entspannt auf der Decke vor meiner offenen Schlafzimmertür. Ein Bild des Friedens und der Ruhe. Ich atmete tief durch. Die Verlustängste, die ich im Traum durchzustehen hatte, waren auch noch im Wachzustand zum Greifen nahe.

Verlustängste begleiten uns durch unser Leben. Oft nur unterschwellig, manchmal bahnen sie sich aber den Weg an die Oberfläche und stehen wie Felsblöcke in unserem Leben. Gerade in Krisenzeiten können sie sehr massiv und bedrohlich werden. Wir haben Angst, Gewohntes und Liebgewordenes zu verlieren. Vertraute Wegbegleiter sind ein Geschenk des Himmels, kein Wunder, dass wir um sie bangen. Solange sich diese Ängste in Grenzen halten, sind sie ein Hinweis auf die Endlichkeit und Vergänglichkeit unseres Daseins. Sie führen uns vor Augen, dass nichts auf dieser Welt ewig ist und uns „alle Güter" nur auf Zeit anvertraut sind – auch ein Hund. Die großen und die kleinen Abschiede gehören zu unserem Leben wie „das Amen im Gebet". Wir können nur um die Gnade bitten, sie im Fall des Falles annehmen zu können, ohne daran zu zerbrechen.

Den eigenen Weg gehen

Heute ist ein ganz besonderer Tag. Vor genau einem Jahr haben wir unseren kleinen Hund zu uns genommen. Und diese Entscheidung haben wir keine Sekunde lang bereut. Mit ihm hat eine neue Lebendigkeit in unsere Wände Einzug gehalten, die uns guttut. Unser Haus mag vielleicht jetzt nicht mehr so perfekt gepflegt sein – so manch verrutschter Teppich zeugt davon, dass er wieder mal hektisch um die Kurve gestürmt ist, und ein paar Hundehaare findet man wohl in jeder Ecke. Aber das stört uns längst nicht mehr, im Gegenteil, wir finden, dass unser Haus jetzt erst richtig atmet und aufblüht.

Mein kleiner Hund ist nicht wild und hat mit Ausnahme seiner Hundeleine noch nie etwas zerbissen, aber er ist schnell und schießt schon mal durchs Haus, vor allem wenn er ein Auto hört und zu Recht einen Besucher erwartet. Meist liegt er aber treu neben mir, beim Mittagschläfchen sowieso, aber auch in der Küche beim Kochen. Er ist einfach da. Ich habe mich an seine Nähe längst gewöhnt, mache keinen Schritt in der Küche, ohne auf ihn zu achten, und vermisse ihn geradezu, wenn er das Weite sucht und im Garten nach Mäusen gräbt.

Die Fotos von seinem Einzug zeigen ein kleines Kerlchen, das wirklich in jede Handtasche gepasst hätte. Im Vergleich dazu ist er heute ein stattlicher Hund, wenngleich immer noch schlank und athletisch. Unsere Fotogalerie – noch nie hatte ich vorher so viele Fotos gemacht – zeigt, wie sich der Winzling entwickelt hat.

Aber auch für Frauchen und Herrchen war es ein turbulentes Jahr. Wir haben viel gelernt von Hundetrainern und Ratgeberbüchern, Tierärzten und Hundefriseuren. Manchen Rat haben wir dankbar angenommen, anderes wieder verworfen. Immer wieder ging es dabei um die Frage, wie viel Freiheit darf ein Hund haben und wie viel Gehorsam ist ihm abzuverlangen. Der wirkliche Wegweiser war letztlich die Liebe zu unserem Hund. Und damit scheinen wir nicht unbedingt falschgelegen zu sein. Denn wir haben einen fröhlichen, offenherzigen, verschmusten Wegbegleiter bekommen, der uns seine Loyalität und Liebe auf verschiedene Weise immer wieder zeigt. Wir haben nicht auf Dressur gesetzt, sondern auf Kommunikation. Es hat funktioniert, und wir leben ein glückliches und erfülltes Miteinander. Möge es so bleiben.

Es gibt keine Patentrezepte für ein geglücktes Miteinander zwischen Tier und Mensch und schon gar nicht zwischen den Menschen. „Jeder muss auf seine Façon glücklich werden“, hat meine Mutter oft gesagt und so den simplen Vergleich mit anderen nicht gelten lassen. Es braucht manchmal

Mut, den eigenen Weg entschlossen zu gehen und sich nicht beirren zu lassen von den „vielen guten Ratschlägen", die man zuhauf bekommt. Es braucht Mut, die Unkenrufe zu überhören, die an unser Ohr dringen, und das wissende Lächeln zu übersehen, das unsere Misserfolge begleitet. Und das meine ich keineswegs nur in Bezug auf unser Zusammenleben mit Hunden. Ich wünsche uns diesen Mut!

Jackpot

Unser Tierarzt liebt unseren Hund. Und unser Hund liebt seinen Tierarzt. Angst ist kein Thema. Man könnte meinen, Toby geht sogar gerne in die Arztpraxis. Im Wartesaal ist es spannend für ihn, denn die Begegnung mit anderen Hunden – ob gesund oder krank – ist immer interessant. Und da die Katzen für gewöhnlich in ihren Körbchen warten, regen sie ihn auch nicht auf. Werden wir aufgerufen, trippelt er schwanzwedelnd in das Arztzimmer, lässt sich willig auf den Untersuchungstisch heben und dann geht es schon los mit dem Geschmuse. Denn sein Onkel Doktor muss zuerst einmal begrüßt werden. Seine Munterkeit, gepaart mit Sanftmut, erobert alle Herzen, auch die unseres Arztes. Dieser Hund sei ein Jackpot, lautet der ärztliche Befund, und als ob Toby es verstehen würde, kuschelt er sich in die Arme seines Arztes und wird von diesem sanft gestreichelt.

Ich bin dankbar für diese harmonische Arztbeziehung. Einen Arzt zu finden, der nicht nur medizinisch höchst professionell ist, sondern seine Patienten spürbar gerne hat, ist keine Selbstverständlichkeit. Zudem nimmt er sich ausreichend Zeit und fertigt nicht nur ab. Auch wenn das

Wartezimmer voll ist, kommt keine Hektik auf. Er geht auf seinen Patienten ein, einfach so, wie Hund es braucht und wie Frauchen und Herrchen sich das wünschen. Nicht nur unser Hund, auch unser Arzt ist ein Jackpot!

Eine solche respektvolle Behandlung ist nicht selbstverständlich. Auch in der Humanmedizin nicht. In seinen Bedürfnissen ernst genommen zu werden, Ärzten zu begegnen, die sich wirklich Zeit nehmen, anstatt gleich den Rezeptblock zu schwingen, das wünschen sich viele. Denn auch wir Menschen brauchen eine Atmosphäre, in der Vertrauen wachsen kann. Es gibt solche Ärzte, durchaus, man muss nur das Glück haben, sie zu finden.

Hartnäckigkeit zahlt sich aus

Er sucht meinen Blick und schaut mich mit einer Eindringlichkeit an, als ginge es um Leben und Tod. In Wirklichkeit geht es nur um Leckerlis. Mein Hund ist auf Betteltour. Seine Augen zeigen eine Mischung von demütiger Bitte und herausfordernder Erwartungshaltung. Wiederholte Male leckt er sich mit der Zunge über das Maul, um seinem Anliegen Nachdruck zu verleihen. So betteln kann vermutlich nur ein King Charles Spaniel. Man muss wegschauen, um diesem Hundeblick nicht zu erliegen. Nützt aber nicht wirklich etwas, denn sein Repertoire ist damit noch keineswegs erschöpft.

Ignoranz provoziert bei ihm nur den nächsten Schritt. Er kommt näher und setzt sich direkt zu meinen Füßen, seine Augen suchen wieder die meinen. Dasselbe Szenario – nur diesmal in Nahaufnahme – mit verstärkter Wirkung, versteht sich. Wenn Frauchen noch immer nicht kapiert, was Hund begehrt, ändert er seine Taktik und macht – ich nenne es – einen „Kniefall“. Er streckt sich in voller Länge aus, legt die Vorderpfoten parallel vor sich hin und hebt sein Köpfchen etwas schief, so als wollte er mich fragen, ob ich nicht auch seiner Meinung wäre, dass dieser total brave Hund eine kleine Belohnung verdient hätte. Seine Haltung scheint zu signalisieren, mehr kann ich jetzt wirklich nicht mehr tun, braver geht es einfach nicht!

Und damit hat er natürlich Erfolg. Schwach werde ich fast immer, die Frage ist nur, wann. Manchmal erliege ich seinem Charme sofort, ein anderes Mal muss er wieder sein ganzes Repertoire abspulen. Aber seine Hartnäckigkeit führt letztlich doch zum Erfolg.

Eine gesunde Portion an Hartnäckigkeit wünsche ich auch uns Menschen. Tendieren wir nicht oft dazu, einfach aufzugeben, wenn uns etwas nicht gleich gelingt? Oft finden wir uns sehr schnell mit etwas ab, das mit etwas mehr Mühe vielleicht durchaus zu schaffen gewesen wäre. Als ich in jungen Jahren einmal Freunden gegenüber bei einer Geburtstagsfeier erwähnte, man müsse schon eine gesunde Portion an Hartnäckigkeit an den Tag legen, um sich ihre Freundschaft zu erhalten, denn eigentlich hätten sie ja „für nix und niemanden Zeit“, wurden sie sehr nachdenklich. Meine Ansage wurde später noch oft zitiert. Meine Hartnäckigkeit hat sich aber auf jeden Fall gelohnt, denn sie hat den Boden bereitet für eine wunderschöne Freundschaft, die bis zum heutigen Tag andauert.

Hilflos und ausgeliefert

Ich nahm ein zitterndes Bündel in meine Arme und kämpfte mit den Tränen. Mein Hund war soeben von der Narkose erwacht. Er hatte eine unvermeidliche Bauchoperation und die Entfernung seiner eitrigen Mandeln überstanden. „Alles gut gegangen!", die Worte der Ärztin drangen an mein Ohr, aber sie entspannten mich nicht. Ich sah unser sonst so munteres Kerlchen am ganzen Körper zitternd vor mir, hüllte ihn mit aller mir zur Verfügung stehenden Zärtlichkeit in seine Decke und flüchtete ins Auto. Leise und beruhigend redete ich auf ihn ein und nannte alle seine Kosenamen, um ihm durch meine Stimme wieder ein Stück Vertrautheit zu schenken. Nach einiger Zeit ließ das Zittern etwas nach, er nahm sein Bettchen wahr und wechselte von meinem Schoß in sein „Nest", das wir vorsorglich mitgenommen hatten. Dort kuschelte er sich hinein und schlief ein. Wir trugen ihn in seinem Bettchen ins Haus und ließen ihn schlafen, die Narkose zeigte offenbar noch ihre Wirkung.

Die letzten Stunden hatten nicht nur ihn erschöpft, auch wir waren fix und fertig. Die Zeit der OP war uns unendlich lange vorgekommen. Restlos erschüttert hat uns aber nach der OP der Anblick dieses hilflosen Geschöpfes, das uns Menschen völlig ausgeliefert war, ohne sich wehren zu können. Als Kommunikationsmittel dienten ihm nur seine Augen, und sein Blick war ziemlich verzweifelt. Wir versuchten ihm alle Liebe zu geben, die in dem Jahr, seit er bei uns war, in unseren Herzen gewachsen ist. Er hat sicher auch gespürt, dass er wieder zu Hause war, und anschließend eine ruhige Nacht in meinem Schlafzimmer verbracht. Jedenfalls hat er mehr geschlafen als sein Frauchen. Aber dieses hat

das locker weggesteckt, als ihr kleiner Liebling am nächsten Tag in seinen Alltag zurückgefunden hat, wenn auch noch durchaus sediert und mit vielen Ruhephasen. Es hat noch ein wenig gebraucht, bis er wieder schwanzwedelnd und fröhlich neben uns hergelaufen ist, aber wir sind wohl alle mit dem Schrecken davongekommen.

Hilflos und ausgeliefert sein, sich nicht wehren können, das sind schlimme Erfahrungen für Hund und Mensch. Wie schwierig, die ersten Schritte nach einer OP sind, weiß wohl jeder, der ein solches „erstes Aufstehen danach" schon einmal durchmachen musste. Wie sehr schätzen wir in solchen Momenten eine liebevoll dargereichte Hand, an der wir uns festhalten können, oder ein verständnisvolles Wort, das uns Mut macht. In solchen Ausnahmesituationen sind wir sehr dünnhäutig. Wir registrieren wie ein Seismograf alle positiven wie negativen Signale und sind dankbar für Zuwendung und Verständnis. Und wenn unsere Umgebung nicht schon total abgebrüht und überfordert ist, erhalten wir auch, was wir so dringend brauchen. Denn unsere Hilflosigkeit berührt und setzt bei unserem Gegenüber vieles an Zärtlichkeit und Mitempfinden frei, das im normalen Alltag verschüttgegangen ist. Auch mein Hund hat all diese Register gezogen, unbewusst, aber wirkungsvoll. Und ich bin überzeugt, dass er emotional gespürt hat, mit wie viel Liebe er durch diese schweren Stunden getragen wurde.

Das Restrisiko

Mein kleiner Hund ist abgehauen. Nach einer Schrecksekunde realisiere ich, was das zur Folge haben kann. Wir verbringen gerade die Weihnachtstage bei Freunden in einem kleinen urgemütlichen Holzhaus mit großem Garten. Die vorbeiführende Straße ist stärker befahren als bei uns zu Hause und für meinen Hund äußerst interessant. Immer wieder hetzt er das große Grundstück entlang, als wollte er mit den Autos um die Wette laufen. Wie gut, dass der Zaun stabil ist, denke ich. Auf der anderen, der Straße abgewandten Seite führt eine Tür zum Nachbargrundstück und von dort direkt in den Wald. Ideal für Spaziergänge zu jeder Tageszeit.

So auch heute Morgen. Alles läuft wie gewöhnlich nach unserem festen Ritual ab, nur dass sich plötzlich auf dem Nachbargrundstück eine Katze zeigt. Sie ergreift sofort die Flucht, doch gerade das lässt bei meinem Hund alle Alarmglocken läuten und löst folglich seinen Jagdinstinkt aus. Es kann ihm die Tür gar nicht schnell genug geöffnet werden, und genau in diesem Moment passiert es, mir gleitet die Leine durch die Finger. Mein Hund startet durch und verfolgt seinen „Todfeind". Es nützt kein Rufen, kein Locken, kein Schreien, er verschwindet hinter dem Haus, und plötzlich wird mir klar, dass dieses Grundstück ja überhaupt keinen Zaum hat, also auch zur Straße hin komplett offen ist. Genau in diese Richtung ist er gelaufen, ich hinterher, ein Schuppen versperrt mir die Sicht. Da die Straße zudem gerade bei diesem Haus eine große Kurve macht und bergauf führt, ist von meinem Hund weit und breit nichts mehr zu sehen. Mein Rufen führt schließlich dazu, dass er zwar herunterläuft, um bei meinem Anblick einen großen Bogen zu machen und mitten auf der Straße wieder bergauf zu laufen. Seine neue Freiheit gefällt ihm offensichtlich so gut, dass er sich um Frauchen überhaupt nicht schert. Er biegt in die erste Seitengasse ein, ich bin erleichtert, weil dort sicher weniger Verkehr ist. Aber einige Sekunden später schießt er wieder auf die Hauptstraße heraus, ich höre Hundegebell, das ihn offensichtlich vertrieben hat. Endlich, nach einer gefühlten Ewigkeit, macht er, was er sonst immer tut, er setzt seine Markierungen. Ich starte los und kann gerade noch auf seine Leine steigen, bevor er weiterlaufen kann. Nur wenig später fährt ein großer Müllwagen vorbei. Ob der Fahrer den kleinen Hund auf der Straße gesehen hätte? Ich weiß es nicht. Ob mein Hund auf das Fahrzeug zugesprungen wäre? Gut möglich, denn was zu nahe an ihm vorbeifährt, löst trotz aller Trainings immer wieder diesen Reflex aus. Den geplanten Spaziergang kürzen wir jedenfalls ab.

Zu Hause sitzt mein Hund wieder friedlich auf seiner Matte, lässt sich Leine und Geschirr abnehmen, hebt die Pfötchen zum Abputzen. Er macht wieder auf ganz brav. „Es besteht immer ein Restrisiko!“, höre ich unseren Hundetrainer sagen. Wie wahr, denke ich, der Schrecken sitzt mir noch in den Gliedern. Gott sei es gedankt, es ist noch einmal gut gegangen.

Auch wenn wir unser Bestes geben, ein Restrisiko bleibt immer. Es klingt hart, entspricht aber der Realität. Bei jeder OP werden wir über das Restrisiko aufgeklärt und müssen es mit unserer Unterschrift zur Kenntnis nehmen. Die beste Partnerschaft kann trotz aller guten Vorsätze zerbrechen. „Bis dass der Tod euch scheidet“ ist ein Ziel, das nicht jeder erreicht. Und wie viele Garantiescheine gibt es für Geräte, die trotz bester Technik eben dann doch nicht funktionieren? Das berühmte Montagsgerät, das überhaupt nicht hält, was die Werbung verspricht.

Es ist nichts im Leben perfekt. Auch wir Menschen nicht, selbst wenn wir uns noch so bemühen. Es bleibt immer eine Lücke, ein Restrisiko. Unser Beschützerinstinkt reicht nicht einmal aus, um einen Hund hundertprozentig vor Gefahren zu schützen, geschweige denn andere Menschen. Es sind unseren Bemühungen Grenzen gesetzt. Wir müssen sie akzeptieren und können dies in dem Bewusstsein, dass nicht alles von uns allein abhängt, sondern Gott um unsere Grenzen und Defizite weiß und auch in solchen Situationen da ist.

Die leisen Töne hören

Sein Köpfchen liegt auf meinem Arm, seine rechte Vorderpfote hängt ganz entspannt über meinen Unterarm. Mein kleiner Hund hat es sich auf meinem Schoß gemütlich gemacht und sich dort eingerollt. Er hat auf diesen Augenblick gewartet. Nach dem Frühstück ist der richtige Zeitpunkt dafür. Er lauscht der Musik, die leise von der CD erklingt. In der Advent- und Weihnachtszeit haben wir uns diese Ruhephase angewöhnt und verschiedenen Weihnachts-CDs gelauscht. Manchmal hat Frauchen auch selbst Weihnachtslieder gesungen oder, wenn ihr der Text ausging, einfach gesummt. Es blieb nicht dabei, andere CDs folgten. Mein Hund mag die leisen Töne, egal ob Klavier, Gitarre oder Flöte. Besonders scheint er Panflötenmusik zu lieben. Da wird er ganz still. Lautes hingegen verschreckt ihn. Hard Rock oder Heavy

Metal wären mit Sicherheit nichts für ihn und auch nichts für mich. Manchmal hebt er zwischendurch sein Köpfchen und schaut mir tief in die Augen. Ich kraule sein Brustfell. Er genießt. Ich genieße. Harmonie pur.

Die leisen Töne sind es, die uns in diese Stimmung versetzen können. Sie tun uns gut. Die Seele baumeln lassen, sich entspannen am Morgen, bevor der Alltag beginnt, oder abends, wenn der Tag ausklingt. Es muss nicht immer mucksmäuschenstill sein, wenn wir abschalten wollen. Manchmal können leise Töne uns eher zum Loslassen bringen als die Totenstille, die uns inzwischen fremd geworden ist und sogar nervös machen kann. Wir leben mit der Uhr am Handgelenk, am Handy und in unseren Herzen. Ständig meinen wir, etwas zu versäumen. Zeiten der Ruhe und des Nachsinnens machen uns fast schon Gewissensbisse. Unsere Hektik, beflügelt von den lauten Tönen unseres Alltags, lässt das Baumeln unserer Seelen nicht mehr zu. Leise Töne erreichen uns vielfach nicht mehr, sie liegen unter unserer Wahrnehmungsschwelle. „Lasst uns das Leben wieder leise lernen“ lautete der Titel eines Bildbandes in meiner Jugendzeit. Diese Aufforderung bleibt aktuell. Wie es funktioniert, können wir uns von den Tieren abschauen. Mein Hund ist mir diesbezüglich sicher ein paar Schritte voraus.

Die Couchcommunity

Nun hatten wir also unseren kleinen Welpen, der Schutz suchend ständig in unserer Nähe blieb, gerne auf unserem Schoß saß und auch sonst in höchstem Maße anhänglich war. Ihn allein zu Hause einsperren? Unmöglich. Ihn zu anderen Menschen in Obhut geben? Ebenso. Also wechselten sich Frauchen und Herrchen in der Betreuung ab. Wir führten unsere Terminkalender peinlich genau, es funktionierte. Nur das Problem des Sonntagsgottesdienstes blieb. Der bisher übliche gemeinsame Messbesuch war uns vorerst nicht möglich. Die Corona-Pandemie ließ uns eine Alternative in den ZDF-Fernsehgottesdiensten finden, die wir inzwischen nicht mehr missen möchten. Und so sitzen jeden Sonntag pünktlich um halb 10 Uhr Herrchen, Frauchen *und* Hund auf der Fernsehcouch und feiern die abwechselnd katholischen und protestantischen Gottesdienste mit. Unser kleiner Hund hat sich längst daran gewöhnt. Er springt inzwischen schon von selbst begeistert auf seinen Couchplatz, ist weder irritiert, wenn wir mitbeten und mitsingen oder eine Kerze entzünden. Beim Friedengruß wird er mitbedacht, erhebt sich die Gemeinde, steht auch er auf und wechselt seinen Platz. Erklingen Pauken und Trompeten, wedelt er mit dem Schwanz. Erscheinen Kinder auf dem Bildschirm, sieht er besonders aufmerksam hin.

Wir haben, seit wir unseren Hund haben, noch keinen Sonntagsgottesdienst am Fernseher versäumt. Wir sind zwar derzeit keine aktiven Gemeindemitglieder in einer Pfarre, aber wir zählen uns zu der großen Fernsehcommunity, die der ZDF erreicht. Der theologische und spirituelle Input dieser Gottesdienste spricht uns zudem besonders an. Und unsere kleine Familie Herrchen, Frauchen und Hund wird am Sonntag nicht auseinandergerissen. Ich glaube nicht, dass Gott an unserer Art, den Tag des Herrn zu heiligen, Anstoß nimmt.

Abschiedsschmerz aushalten

Jede und jeder unserer Besucher ist Tobys Ehrengast. Er begrüßt sie alle überschwänglich und ist erst zufrieden, wenn er entsprechend gekrault wird und/oder auf dem „ehrengästlichen Schoß“ sitzt. Vergeblich haben wir uns bemüht, ihn zu mehr Distanz zu erziehen. Der Rat unseres Hundetrainers, nicht ihn, sondern die ankommenden Gäste dazu zu erziehen, den Kleinen einfach mit einem sanften Kick wegzustoßen und ihm den Rücken zuzuwenden, kostete uns ein Schmunzeln, denn keiner unserer Besucher würde das je zustande bringen, und wir selbst schon gar nicht. Ein einmaliger Versuch des Herrchens hat den Kleinen dermaßen verstört zurückgelassen, dass wir uns diese Methode erst gar nicht zu eigen gemacht haben. Wir freuen uns über sein heftiges Schwanzwedeln, wenn wir heimkommen, finden seinen Freudentanz rührend und haben uns mit seinem Hochspringen abgefunden. Glücklicherweise ist unser ungezogener Hund von kleiner Statur.

Das größere Problem sind die Abschiede. So sehr er sich über Ankömmlinge freut, so sehr leidet er, wenn Menschen sich wieder verabschieden. Er möchte nicht, dass jemand geht, und versucht, dieses Weggehen mit seinen Mitteln zu verhindern. Er läuft zur Tür, stellt sich mitten in den Weg, fordert die gesamte Aufmerksamkeit ein und tut alles, um Menschen abzuhalten, das Haus zu verlassen. Gelingt es ihnen dann doch, in einem Moment hinauszuschlüpfen, wimmert und bellt er und saust in totaler Empörung durch das ganze Haus.

Besonders schlimm ist es, wenn Herrchen oder Frauchen das Haus verlassen. Man könnte meinen, eine Welt stürzt für ihn zusammen. Sein Gebell, mit dem er das abfahrende Auto begleitet, kann ganz schön nerven, aber zu Herzen geht sein Wimmern. Man spürt, er leidet wirklich, und zumindest mein Mitleid ist ihm dann sicher. Schnell greife ich nach einem Ball, um ihn abzulenken. Manchmal gelingt es, aber nicht immer. Dann nehme ich ihn einfach in den Arm und versuche, ihn nach und nach zu beruhigen.

Abschiede tun weh. Das betrifft auch uns Menschen. Und damit meine ich nicht nur den endgültigen Abschied bei einem Begräbnis oder den Bruch einer Ehe oder Freundschaft. Ich meine auch die vielen kleinen Abschiede, die es in unserem menschlichen Leben gibt. Wir müssen im Laufe der Jahre unendlich viel zurücklassen und immer wieder zu neuen Ufern aufbrechen. Manchmal tun wir es mit Freude, stürzen uns förmlich auf oder in das Neue, und trotzdem schwingt ein kleiner Wermutstropfen mit. So habe ich mich beispielsweise immer riesig gefreut, wenn ich auf ein neues Auto umgestiegen bin, aber gleichzeitig auch mit ein bisschen Wehmut Abschied vom alten Wagen genommen, der mich treu viele Kilometer gefahren hat. Es war ein kleiner Abschied, aber Abschiede tun weh, selbst wenn sie gewollt sind, geschweige denn, wenn sie über uns hereinbrechen und es nicht um Dinge, sondern um Menschen geht, die uns nahegestanden sind. Wie mit Betroffenen umgehen? Mir fällt nichts Besseres ein, als sie einfach in den Arm zu nehmen und mit ihnen still zu werden.

Darf er oder darf er nicht?

Morgens wecken mich zwei Hundepfoten. Und das kam so: Irgendwann bekam ich ein schlechtes Gewissen, weil mein inzwischen stubenreiner Hund nachts noch immer in seiner Schlafbox „eingesperrt“ war. Ich ersetzte daher die Box durch ein orthopädisches Hundebett und stellte es im Vorzimmer exakt auf denselben Platz. Erfolglos, mein Hund lag überall, nur nicht in seinem Hundebett, auch nicht in der eilig daneben wieder aufgestellten Box. Diese hat er nie mehr betreten, sondern einfach ignoriert. Die allermeiste Zeit lag er direkt vor meiner angelehnten Schlafzimmertür. Und jede Nacht arbeitete er sich ein Stück weit in mein Schlafzimmer vor. Der Türstopper konnte ihn nicht aufhalten. Ein Schwanz, eine Pfote oder ein Köpfchen waren am Morgen immer von meinem Bett aus zu sehen. Ich hatte große Töne gespuckt, mein Hund würde nie ins Schlafzimmer dürfen, und dies auch die gesamte Welpenzeit durchgehalten. Jetzt aber gab ich nach drei Wochen auf. Ich nahm sein Körbchen und platzierte es in meinem Schlafzimmer, nicht direkt neben meinem Bett, aber doch in Sichtweite. Davor legte ich als Zeichen meiner vollständigen Kapitulation ein Schaffell, wenn schon, denn schon. Mein Hund zog ein und durfte bleiben.

Er geht auf leisen Pfoten in der Nacht, seine Ortswechsel bekomme ich nur mit, wenn ich ohnedies wach bin und feststelle, dass er nicht in seinem Körbchen, sondern direkt neben meinem Nachtschränkchen ruht oder unter dem Glastisch seine Poleposition eingenommen hat. Manchmal höre ich sein regelmäßiges Atmen und weiß mich in guter Gesellschaft. Wenn ich abends noch lese und das kleinste Licht angeschaltet habe, um ihn nicht zu stören, verkriecht er sich in sein Körbchen, ein Bild vollster Zufriedenheit. Er fühl sich augenscheinlich wohl und ich mich auch. Ins Bett darf er nicht; er hat es aber auch nie versucht.

Ich gebe zu, ich habe mit mir einen harten Kampf ausgefochten, bis ich meinen Standpunkt geändert habe. Standpunkte und Strukturen sind für Tier und Mensch wichtig, unser Leben kann nicht nur von Spontaneität und Beliebigkeit gesteuert werden. Andererseits empfiehlt es sich, unsere Standpunkte immer wieder neu zu überdenken. Ein stures Festhalten an Gewohnheiten und Traditionen muss nicht immer sinnvoll sein. Auch auf die Gefahr hin, als zu nachgiebig und zu wenig konsequent eingeschätzt zu werden, kann eine Kurskorrektur manchmal angebracht sein, im Großen wie im Kleinen, bei der Hundeerziehung, aber auch im Umgang mit Menschen.

Ein Verhalten nur deswegen fortzusetzen, weil es immer schon so war, ist keine Rechtfertigung für unser Handeln und unsere Entscheidungen. Das wäre zu einfach, es würde den Menschen als denkendes Wesen schlichtweg unterfordern. Es würde aber auch jede Weiterentwicklung verhindern und einfach nur ein „more of the same“ bedeuten. Wie langweilig! Und wie viel an neuen Erfahrungen und Errungenschaften würden wir uns möglichweise damit verbauen. Natürlich ist das kein Plädoyer dafür, leichtfertig die

eigenen Standpunkte über Bord zu werfen und situativ zu entscheiden, wie es uns gerade Spaß macht. Es ist vielmehr die Zumutung an jeden Einzelnen, Gewohntes, Erlerntes, Liebgewordenes immer wieder neu zu hinterfragen, es entweder beizubehalten oder es zu verwerfen – zum Wohle des Einzelnen und der Gesellschaft. Es bedarf der Unterscheidung, welche Standpunkte unverrückbar sind und welche nicht. Diese Gabe der Unterscheidung wünsche ich jedem Einzelnen, aber auch den großen Einrichtungen der Politik, Wirtschaft und vor allem auch der Kirche.

Der Blick auf das Wesentliche

Ich brauche keinen Wecker, kein Radio, kein Handy, um aufzuwachen. Ziemlich pünktlich um 7 Uhr morgens nehme ich zwei Hundepfoten wahr, die sich an meinem Bettrand zu schaffen machen und mir signalisieren: „Jetzt wird's aber Zeit!" Mein kleiner Hund steht auf seinen Hinterpfoten, wedelt mit dem Schwanz und demonstriert, dass er ausgeschlafen, topfit und für den neuen Tag bereit ist. Vorausgegangen ist diesem Sprung auf die Bettkante ein kräftiges Schütteln, so als wollte er den restlichen Schlaf, seine Träume, einfach die ganze vergangene Nacht abschütteln.

Grundsätzlich habe ich jetzt zwei Optionen: Entweder stehe ich gleich auf oder ich schicke ihn nochmals zurück in sein Körbchen. Letzteres befolgt er, aber in exakt 15 Minuten wiederholt er seinen Auftritt. Und dann ist es auch wirklich Zeit für unsere morgendliche Begrüßung und ein bisschen Sport. Wir balgen auf dem ausgelegten Schaffell und feiern den neuen Tag. Wir gähnen, strecken und drehen uns,

Frauchen krault sein Fell, Hund schnüffelt in Frauchens Haaren. Unser Morgensport ist ganz schön turbulent; bis Frauchen „Basta!“ sagt und ins Bad geht. Jetzt muss der Hund warten, denn das Badezimmer ist immer noch eine Tabuzone für ihn. Er ist geduldig, denn er weiß, wir werden jetzt gleich zu unserem täglichen Morgenspaziergang aufbrechen.

Sein Zeitgefühl ist beeindruckend und für mich überraschend. Selbst bei der Zeitumstellung hat er nur drei Tage gebraucht, um wieder in seinen Rhythmus zu finden. Unser Tag ist straff strukturiert. Vorbei sind die Zeiten, als ich morgens im Bett sinnierte, wie ich wohl den Tag anlegen, welche Vorhaben ich umsetzen und welchen Tagesablauf ich für mich festlegen sollte. Mit Toby im Haus ist vieles vorgegeben. Der Morgenspaziergang, die vormittägliche Entdeckungstour, unsere gemeinsame Siesta, der Nachmittagsspaziergang und die Abendrunde sind schon einmal Fixpunkte. Dazwischen darf Frauchen ihre Haus- und Gartenarbeit unterbringen oder auch mal am PC sitzen. Wenn mir abends mein Schrittzähler mehr als 15.000 Schritte anzeigt, weiß ich, was an diesem Tag hinter mir liegt. Todmüde falle ich ins Bett, allenfalls nehme ich noch ein Buch zur Hand.

Und trotzdem waren die Weihnachtskekse alle gebacken, für „Herrchen“ werden wie bisher seine Lieblingsgerichte aufgetischt, der sonntägliche Kuchen hat noch nie gefehlt, die Hochbeete sind bestellt und verdreckt ist unser Haus auch nicht, wenngleich wir ein bisschen großzügiger geworden sind, das muss ich zugeben. Manchmal frage ich mich, was ich früher eigentlich den ganzen Tag gemacht habe. Wieso geht das jetzt alles?

Nun, ich bin besser strukturiert, vermeide leere Kilometer und konzentriere mich auf das Wesentliche bzw. auf das, was für *uns* wesentlich ist. Und ich habe meinem früheren Perfektionismus abgeschworen und den „Mut zur Lücke" entdeckt. Unser Zuhause muss nicht jeden Tag so perfekt gepflegt sein, dass jederzeit ein Fernsehteam anrücken kann. Es darf in unserem großen Garten Ecken und Winkel geben, die auf ihre Bearbeitung ein bisschen warten müssen, und auf unserer großen Zufahrt dürfen auch mal ein paar Blätter im Wind spielen. Auch für mich selbst und meine eigenen Bedürfnisse scheint auf den ersten Blick wenig Zeit zu bleiben. Andererseits tanke ich auf unseren langen Spaziergängen immer wieder auf, finde zu Ruhe, Zufriedenheit und einer inneren Balance, die ich so schon lange nicht mehr gekannt habe. Und es gibt freudiges Hundegebell, wenn er durch den Garten fegt, einen Hund, der sich im Rasen wälzt und seine Lebensfreude auslebt, einen treuen Gefährten, der mit mir alle Blumentöpfe abgrast, um sie zu gießen. All das ein Grund zu tiefer Dankbarkeit.

Was ist für mich/uns wesentlich? Um diese Frage kommen wir nicht herum, wenn wir unsere Lebensmitte und damit unsere Prioritäten ausloten wollen. Es mögen die Enkelkinder, der Partner, ein Zweitstudium, der Beruf, eine Freundschaft, ein Hund oder der Bergsport sein, wichtig ist, zu erkennen, was für mich wesentlich ist und mein Leben so zu strukturieren, dass dieses Wesentliche nicht auf der Strecke bleibt. Andernfalls verlieren wir unsere innere Balance und werden zwischen dem, was wir aus unserer Sicht sollten, und dem, was wir tatsächlich tun, hin und her geschleudert. Dies macht uns auf Dauer krank. Zudem wünsche ich uns allen den Mut zur Lücke und den Abschied von einem Allround-Perfektionismus, der uns überfordert und krank macht.

Vorsicht

Die Weihnachtstage verbrachten wir in einem urgemütlichen kleinen Holzhaus. Das Feuer im Kamin verbreitete eine wohlige Wärme, der Lehnsessel lud Frauchen zum Lesen ein, Hund lag – wie konnte es anders sein – gleich daneben. Ebenfalls ganz nahe stand ein kleiner Kindersessel, auf dem ein holzgedrechselter Pinocchio seinen Platz gefunden hatte. Mein kleiner Hund hatte ihn ausgiebig beschnuppert, aber sonst kein besonderes Interesse an ihm gezeigt. Das änderte sich schlagartig, als mir eines Tages das Buch aus der Hand glitt, der Pinocchio vom Sessel fiel und dieser kippte. Eine Kettenreaktion, die meinen kleinen Hund sofort „in die Flucht trieb". Dumm gelaufen, dachte ich mir und platzierte den Pinocchio erneut auf seinem Sesselchen.

Als ich am Abend die Schüssel meines Hundes auf den üblichen Platz in der Nähe des Pinocchio stellte, geschah genau: nichts. Ich versuchte seine Aufmerksamkeit zu wecken, machte mit der Schüssel in der Hand eine kleine Ehrenrunde und platzierte sie erneut an ihrem Platz. Spontan lief mein Hund in diese Richtung, stoppte aber in ausreichender Entfernung. Sein Blick wanderte zur Schüssel, dann zu Pinocchio. Jetzt kapierte Frauchen und verstaute den Pinocchio vorübergehend in einer Schublade. Für das Sesselchen suchte ich einen unauffälligen Platz im Vorzimmer. Als ich zurückkam, stand mein kleiner Hund bereits schwanzwedelnd vor seinem Fressnapf und kaute wie eh und je.

So ein Feigling, dachte ich im ersten Moment, verwarf den Gedanken aber sofort wieder. Denn mir wurde augenblicklich klar, dass die für mich so kleine Holzfigur für meinen Hund alles andere als klein war. Er begegnete ihr gerade mal auf Augenhöhe! Und als sie zu Boden fiel, hat es ganz schön gekracht, also Grund genug, diesem unberechenbaren Ding aus dem Weg zu gehen. Mein Hund ist auch sonst weder ängstlich noch feige, er ist vorsichtig. Das zeigt sich auch beim Birnbaum unseres Nachbarn, von dem auch in unseren Garten zu gegebener Zeit Birnen aus großer Höhe plumpsen. Sie auf den Kopf zu bekommen, ist weder für Hund noch für Mensch ein Vergnügen. Toby weicht diesem Teil des Gartens inzwischen grundsätzlich und nicht nur zur Erntezeit aus. Er beobachtet mich aus einiger Entfernung, wenn ich dort zu tun habe. Er scheint seine Erfahrungen gemacht zu haben.

Vorsicht ist die Mutter der Porzellankiste, sagt ein altes Sprichwort. Allzu oft schieben wir diese Wahrheit beiseite und meinen, schon alles im Griff zu haben. Und dann stehen wir vor den „Scherben". Manchmal sogar vor den Scherben unseres Lebens. Wie viele Unfälle könnten vermieden werden, wenn wir ausreichend Vorsicht walten ließen. Wie viele Ansteckungen in Corona-Zeiten hätten verhindert werden können, wenn wir Distanz und Maskenpflicht ernst genommen und vorsichtiger in unserem Umgang mit anderen gewesen wären. Mit potenzieller Gefahr vorsichtig umgehen, ist nicht feige, sondern klug. Mein kluges kleines Kerlchen macht es mir vor. Ich hoffe, dass ich daran denke, wenn es eine brenzlige Situation demnächst von mir erfordert.

Die Entdeckung der Langsamkeit

Unser kleiner Welpe war eingezogen und naturgemäß der Mittelpunkt des Hauses. Alles drehte sich zunächst um ihn. Hat er ausreichend gefressen? Sind wir ausreichend Gassi gegangen? Hat er ruhig geschlafen? Nach einer gewissen Zeit legte sich die erste Aufregung, und der Alltag sollte wieder einkehren. Auch ich nahm meine anderen häuslichen Pflichten wieder ernster und begann wie früher jeden Morgen meinen Tag zu planen, aber nur um abends festzustellen, was alles unerledigt geblieben ist. Das ging einige Zeit so und frustrierte mich. War mir die Energie abhandengekommen? Wurde ich langsam alt? Letzteres zweifellos, aber das konnte doch nicht der Grund für so viel Unerledigtes sein.

Langsam wurde mir klar, dass ich für einzelne Aufgaben von Anfang an mehr Zeit einplanen musste, weil Toby immer mitzudenken war. Und damit meine ich nicht nur die Umwege in der Küche, weil er einfach grundsätzlich mitten im Weg lag. Ich denke vielmehr an die zahlreichen Stopps und Ablenkungsmanöver, bis er endlich den Staubsauger akzeptierte und nicht mehr bekämpfte. Oder an die Gartenarbeit. Er „musste" und durfte an allen Werkzeugen schnuppern, bevor ich die Blumenbeete in Angriff nahm oder mich an den Hochbeeten zu schaffen machte. Letztere eignen sich übrigens bestens für Versteckspiele zwischendurch. Erstaunlich schnell hat sich mein Hund mit dem Rasenroboter angefreundet, dennoch habe ich oft meine Arbeit unterbrochen, um nach Hund und Rasenmäher zu schauen. Der Kampf um den Besen war anfangs auch ein regelmäßiges Spiel, wenn ich begann, die Einfahrt zu kehren ... Die Liste meiner Zeitfresser ließe sich noch lange fortsetzen. Fakt war, mit

Hund braucht alles einfach mehr Zeit. Schnell zum Postkasten? Der Hund hat gerade meine Gartenschlappen ins Gras verschleppt und läuft damit in einem Affentempo durch die Wiese! Schnell zum Einkaufen? Der Hund muss ins Auto gesetzt, angegurtet und zum Warten, bis Frauchen wieder kommt, motiviert werden. Nur ja nicht die Leckerlis vergessen! Schnell zum Löseplatz? Wirklich nicht, denn heute hat mein Hund beim Gassigehen endlos Zeit.

„Schnell" geht gar nichts, „schnell" ist out. Zudem holt sich mein Hund zwischendurch gerne mal seine Streicheleinheiten ab, lässt sich kraulen und kann gar nicht genug davon bekommen. All das kostet Zeit. Inzwischen plane ich realistischer und nehme mir nicht zu viel vor. Vor allem lass ich mich nicht mehr aus der Ruhe bringen, wenn er sich „einbringt" und mithelfen will. Dann wird es zwar oft komplizierter, aber wir schaffen es schon gemeinsam. Und zur Belohnung gibt es dann eine Leckerli-Pause oder ein wildes Antijagdtraining im Garten. Wir haben die Langsamkeit für uns entdeckt und kommen damit gut zurecht. Notfalls ist ja morgen ein neuer Tag.

Planen ist sinnvoll. Es hilft uns, unseren Tag zu strukturieren, Zeitfresser zu erkennen und auszumerzen. Niemand sollte planlos in den Tag hineinleben, zumindest nicht auf Dauer. Die Gefahr, sich in Nebensächlichkeiten zu verlieren, zu trödeln oder sich in Wachträume zu flüchten, ist durchaus gegeben. Und wie schnell ist man doch vom Eigentlichen abgelenkt. Eine eingehende Nachricht am Handy genügt, um uns auf andere Gedanken zu bringen. Planen hilft, ist eine Richtschnur durch den Tag, ein Kompass im Dschungel unserer Pflichten und Vorhaben. Das alles aber nur, wenn unser

Planen realistisch ist und nicht zu ständiger Überforderung führt. So mancher Terminkalender ist ein Korsett, das uns die Luft abschneidet. Wer aber auf Dauer nicht mehr atmen kann, landet früher oder später im Burn-out. Und dann geht bekanntlich gar nichts mehr. Daher sollten wir rechtzeitig ab und zu einen Gang zurückschalten und eine „Leckerli-Pause“ einplanen, womit vieles gemeint sein kann, was uns guttut.

Lernfähig sein

Wir haben schon seit einigen Wochen schlechtes Wetter. Draußen ist es nass und matschig, jeder Spaziergang wird zur Herausforderung für Mensch und Hund. Warum man dazu umgangssprachlich „Hundewetter“ sagt, weiß ich nicht, denn für einen Hund passt dieses Wetter nicht, schon gar nicht für einen Cavalier King Charles Spaniel mit seinem weißbraunen Fell, den dichten Haaren und langen Ohren. Er ist patschnass, wenn wir heimkehren, und sieht aus wie ein räudiger Straßenköter. Seine weißen Pfoten sind dunkelgrau bis schwarz, sein weißes Brusthaar ebenso und die Ohren hängen triefend nass zu Boden – ein Bild des Jammers.

Im Windfang unseres Hauses ist erst einmal Stopp für ihn. Seine Pfoten werden grob gereinigt, und dann habe ich zwei Zauberwörter in meinem Repertoire, die aber dasselbe bewirken, „föhnen“ oder „bürsten“. Kaum ausgesprochen, saust er ins Badezimmer zu seinem Trimmtisch und wartet, bis er hochgehoben wird. Er liebt es inzwischen, von Frauchen oder Herrchen geföhnt und gebürstet zu werden. Wir nehmen uns dafür ausreichend Zeit, leise Musik wirkt zudem entspannend. Wenn er dann ruhig und relaxed in meinem Arm liegt, die Augen schließt und ich seine Brust- und Bauchhaare durchkämme, habe ich den Eindruck, dass er diese Prozedur richtig genießt.

Das war nicht immer so! Anfangs hat er gegen so viel Sauberkeit durchaus Widerstand angemeldet. Aber Frauchen hat nicht nachgegeben. Mit Konsequenz und in der Überzeugung „Übung macht den Meister“, mit Leckerlis und viel Zärtlichkeit haben wir dieses Verhalten so lange eingeübt, bis schließlich eine liebe Gewohnheit daraus geworden ist, der wir inzwischen beide etwas abgewinnen können.

„Daran werde ich mich nie gewöhnen!“ Wie oft haben wir diesen Gedanken schon im Herzen getragen. Es gibt viele Dinge im Leben, die zunächst alles andere als nach unserem Geschmack sind. Es kostet uns Überwindung, sie umzusetzen. So habe ich jahrzehntelang immer gemeint, dass ohne ein Schlückchen Kaffee am Morgen einfach gar nichts bei mir ginge. Im Pyjama eilte ich morgens als Erstes zur Kaffeemaschine. Seit Toby im Haus ist, hat sich das geändert. Der Kaffee kommt erst nach unserem „Morgensport“, dem Bad, dem Morgenspaziergang, und siehe da, es passt. Ich habe mich daran gewöhnt, obwohl ich es jahrzehntelang nicht für möglich gehalten hätte.

Wenn wir uns nicht verweigern, sondern uns trotz unseres inneren Widerstandes auf Neues einlassen und es konsequent einüben, kann sich unsere Lernfähigkeit entfalten. Und die lässt manchmal „Erstaunliches sprießen“. Wir dürfen sie nicht unterschätzen. „Der Mensch ist ein Gewohnheitstier!?“ Vielleicht ein bisschen, aber nicht nur. Wenn schon Hunde lernfähig sind, dann sind wir Menschen es allemal, im Kleinen wie im Großen.

Warten können

Ein Hund muss warten können. Renommierte Hundetrainer weisen darauf hin, dass ein Hund einen ganz beträchtlichen Teil seines Lebens mit Warten verbringt. Daher könne man nicht früh genug mit dem Training beginnen. Das leuchtete mir ein, und wir übten beharrlich das „Bleib!". Zuerst mit Leckerlis, die ich um ihn herum auslegte. Er musste dabei auf seinem Platz bleiben, bis ich das Kommando „Jetzt!" gab. Dann sauste er wie von der Tarantel gestochen los. Mir kam das manchmal wie Tierquälerei vor, aber er schien seinen Spaß daran zu haben.

Ähnlich beim Antijagdtraining. Bei „Scht" sollte er die Beute (ein farbenfroher Lappen, auf einem Stock festgebunden und von mir durch die Gegend geschleudert) ignorieren, bei „Jetzt" begann die Jagd auf das Beutestück, das Frauchen aber erst allmählich freigab. Über seine Arroganz, mit der er die Beute während der „Scht-Phase" ignorierte und in die andere Richtung blickte, wenn ich sie direkt vor seiner Nase vorbeizog, musste ich lachen. Nach „Jetzt!" ging dafür die Post ab! Frauchen lief und schwang den Stock in alle Richtungen, Toby hinterher. Wir hatten solchen Spaß dabei, dass man leicht vergessen konnte, dass der eigentliche Zweck dieses Spieles das Wartenlernen war.

Mein Hund kann es inzwischen ziemlich gut. Geduldig wartet er, bis Frauchen Mantel, Schuhe, Mütze, Handschuhe angezogen, Leckerlis, Handy, Schlüssel und Leine geschnappt hat, bevor es endlich mit dem Spaziergang losgehen kann. Was Erwachsene alles brauchen! Er wartet geduldig, bis Frauchen morgens aus dem Bad kommt und Herrchen abends das Auto abgestellt hat. Er wartet, bis Frauchen mit dem Kochen fertig ist oder endlich den PC zuklappt. Ein Hundeleben besteht tatsächlich zu einem großen Teil aus Warten.

Ein Menschenleben nicht, meinen wir. Schließlich können wir doch selbst die Initiative ergreifen, wenn uns etwas zu lange dauert. Oft ja, aber keineswegs immer. Die rote Ampel, die nervt und den Fahrer ungeduldig auf das Lenkrad trommeln lässt, ist ein simples Beispiel. Aber da gibt es auch noch die Beförderung, die schon so lange auf sich warten lässt, den unerfüllten Kinderwunsch, den Traum von der größeren Wohnung, für die das Geld immer noch nicht reicht, oder den erhofften Lebenspartner, der einfach nicht unseren Lebensweg kreuzt. Die wenigen Beispiele mögen uns bewusst machen, dass auch uns Menschen oft das Warten abverlangt wird und nicht alles unserer Eigeninitiative unterliegt. Wir mögen noch so eigenständig und entschlussfreudig sein, wir sind immer auch fremdbestimmt und müssen nur allzu oft auf das erlösende „Jetzt!“ warten. Es steht uns daher gut an, uns in diesem Warten einzuüben, es wird uns immer wieder abverlangt werden, zuletzt im Tod, wenn Gott das erlösende „Jetzt!“ spricht.

Abschied vom Egotrip

Aufgeregt schießt mein Hund durch das Haus. Wie ein Seismograf hat er registriert, dass etwas Ungewöhnliches im Gange ist. Wir fahren in den Urlaub! Unser aller Gepäck samt Hundetasche und Körbchen steht zum Einpacken bereit. Ruhe kehrt erst ein, wenn wir alle im Auto sitzen. Toby

Via Francigena
VF
Canterbury

legt sich nun völlig zufrieden hin, er muss ernsthaft befürchtet haben, dass wir ihn zurücklassen könnten.

Als ob dies schon jemals passiert wäre! Unser Hund darf immer mit, so auch in den Urlaub. Damit das kein Fiasko wird, haben wir uns von Flugreisen und großen Wellnessoasen verabschiedet und wählen Destinationen, die auch einem Hund zumutbar sind. Ein Agriturismo in der Toskana sollte unser diesjähriges Ziel sein. Und die Rechnung ging voll auf, für Hund und Mensch! Wir fanden die nötige Ruhe und Abgeschiedenheit, und Toby war in bester Gesellschaft. Schon beim Aussteigen wurden wir von drei Hunden umringt, die sich als wunderbare Spielkameraden erweisen sollten.

Zeitig am Morgen höre ich Kratzen. Drei Hunde stehen vor unserer Appartementtür, die direkt in den Garten führt. Der große Hirtenhund ganz vorne dürfte das „Anklopfen“ übernommen haben. Ob sie Toby abholen oder einfach nur um Leckerlis betteln wollen, weiß ich nicht, möglicherweise beides. Jedenfalls hat sich dieses Ritual Morgen für Morgen wiederholt. Und am Nachmittag teilen wir unsere Terrasse mit vier zufriedenen Hunden, die offensichtlich unsere Gesellschaft und „guten Gaben“ schätzen. Bei unserer Abfahrt bleiben drei Hunde zurück, sie haben uns bis zum Auto auf dem Parkplatz das Geleit gegeben.

Unser Urlaub war gelungen. Wir haben nicht nur die von uns so geliebten toskanischen Städte in der Umgebung besucht, sondern auch lange Wanderungen durch Weingärten und Wälder unternommen. Toby war immer mit dabei. Notfalls gab es ja auch einen Tragerucksack, den unser Hund akzeptiert. Es war nicht stressig, sondern durch und durch harmonisch. Die Harmonie verdanken wir unserer guten

Planung, wir hatten von Anfang an die „Interessen“ und Bedürfnisse aller Reiseteilnehmer, auch die unseres Hundes, mitbedacht.

Den anderen ernst nehmen, seine Bedürfnisse respektieren, seinen Interessen Aufmerksamkeit schenken. Wie viele Familienurlaube könnten auf diese Weise „gerettet“ werden! Wie viele Jugendliche verweigern ihren Eltern die Urlaubsgefolgschaft, weil diese Urlaube stinklangweilig für sie sind. Wie viele Paare kehren von ihrem „Traumurlaub“ genervt zurück, weil ihre divergierenden Interessen sie nur entfremdet haben. Angeblich zerbrechen die meisten Beziehungen nach gemeinsam verbrachten Feiertagen und Urlauben. Schade, wir geben viel Geld für unsere Urlaube aus und bezahlen teuer für unseren Frust. Mit Geld können wir uns einen gelungenen Urlaub nicht kaufen. Dafür braucht es unsere Bereitschaft, mit anderen unsere Zeit zu teilen und die eigenen Interessen hintanzustellen. Damit keiner zu kurz kommt und alle auf ihre Rechnung kommen, müssen wir uns im wahrsten Sinn des Wortes von einem Egotrip verabschieden. Nicht ganz einfach, aber machbar.

Respekt und Verantwortung

Die Warnung mancher Hunderatgeber, dass mit dem Einzug eines Welpen schlagartig alles anders würde, kann ich nur bestätigen. Toby hat unser Leben zwar nicht auf den Kopf gestellt, aber doch gehörig verändert. Und das durchaus nachhaltig. Mag sein, dass es an unserer Hundeerziehung liegt. Hundetrainer würden sicher vieles anders machen,

aber muss nicht jeder seinen eigenen Weg mit dem neuen Hausgenossen finden?

Wir haben nie einen dressierten Hund gewollt und von Anfang an auf Kommunikation statt Dressur gesetzt. Das erfordert viel Geduld und Nachsicht, bedeutet aber keineswegs, dass wir keine Erziehungsarbeit geleistet hätten. Wir haben einfach einen anderen Zugang zu unserem Hund gewählt. Und wenn er auf meinen Ruf „Wo ist mein Hund?" wie der Blitz herangeschossen kommt, denke ich, es kann nicht alles falsch gewesen sein.

Unser Verhältnis gründet auf Respekt. Wir achten seine Persönlichkeit und sehen in ihm ein Geschöpf, für das wir Verantwortung übernommen haben. Er ist ein kleiner Mosaikstein dieser Schöpfung. Als kleine Fellnase auf vier Pfoten wurde er von Gott geschaffen, ausgestattet mit besonderen Gaben und Instinkten. Wie wir Menschen ist er Teil des Ganzen. Und er ist uns anvertraut, auf dass wir ihn hegen und pflegen und vielleicht auch manches durch ihn lernen. Wer seinen Hund als Geschenk des Himmels sieht, kann gar nicht anders, als ihm mit Respekt und Liebe begegnen.

Wenn unser Nachbar schmunzelnd feststellt, dass es unserem Hund besser geht als so manchem Kind, erfüllt mich das mit Sorge für die Kinder, aber mit Freude für unseren Hund. Möge er ein so frohes, lebendiges Kerlchen bleiben, das die Herzen so vieler Menschen berührt. Möge Gott seine Hand über ihn halten, wo Frauchens oder Herrchens Fürsorge nicht ausreichen. Möge er einst die Vollendung finden, die Gott seinen Tieren zugedacht hat.

Inzwischen hat Toby mit Nico ein „Brüderchen" bekommen. Die beiden haben völlig unterschiedliche Charaktere, sind jedoch unzertrennlich.

Über mich

In meinem Leben ging es nicht um Erfolg und Gewinnmaximierung. Es ging um Menschen. Sie anzusprechen, ihnen Werte zu vermitteln, die ihnen Orientierung und Halt gaben, die sie aber auch ihre Verantwortung für Gottes Schöpfung und Geschöpfe erkennen und wahrnehmen ließen, war eine wunderschöne Aufgabe, der ich mich gerne gestellt habe.

Wenn ich beruflich zu neuen Ufern aufgebrochen bin, dann nie aus Frust über die bisherige Tätigkeit, sondern aus Neugier und der Bereitschaft zur Veränderung. Diese beiden Eigenschaften haben mich auch vor dem mir immer wieder prophezeiten Pensionsschock bewahrt. Ich habe meinen Wohnsitz von der Wiener Innenstadt in die Kärntner Bergwelt verlegt, meine immer schon vorhandene Liebe zur Natur vertieft und mich auf einsamen Wanderwegen oft gefragt, ob ich die neu gewonnene Freiheit wirklich verdient habe und voll auskosten darf. Rückblickend erkannte ich die Handschrift Gottes in meinem Leben sehr deutlich.

So war es auch kein Zufall, dass mich eines Tages Freunde mit ihrem Hund besuchten, der in mir den Wunsch nach einem eigenen Vierbeiner weckte. Wieder kamen mir meine Neugier und Veränderungsbereitschaft zugute. Wie würde sich das Leben mit einem Hund gestalten?

Es wurde alles sehr gut. Eine tiefe Dankbarkeit erfüllt mich morgens, wenn ich von vier Pfoten geweckt werde, und abends, wenn nach einem erfüllten Tag Ruhe einkehrt. Natürlich erleben auch wir die kleinen Sorgen des Alltags. Aber sie verblassen angesichts der Freude, die wir täglich mit unseren Vierbeinern erleben. Ein kleiner Vorgeschmack auf das Paradies? Vielleicht.